BIBLIOTHÈQUE DES ÉCOLES FRANÇAISES D'ATHÈNES ET DE ROME
PUBLIÉE
SOUS LES AUSPICES DU MINISTÈRE DE L'INSTRUCTION PUBLIQUE

FASCICULE QUATRE-VINGT-CINQ ter

CATALOGUE

DES

VASES PEINTS

DU

MUSÉE NATIONAL D'ATHÈNES

PAR

Maxime COLLIGNON

MEMBRE DE L'INSTITUT
PROFESSEUR A LA FACULTÉ DES LETTRES DE L'UNIVERSITÉ DE PARIS

ET Louis COUVE

ANCIEN MEMBRE DE L'ÉCOLE FRANÇAISE D'ATHÈNES
MAITRE DE CONFÉRENCES A LA FACULTÉ DES LETTRES DE L'UNIVERSITÉ DE NANCY

TABLE DE CONCORDANCE

PARIS

ALBERT FONTEMOING, ÉDITEUR

Libraire des Écoles Françaises d'Athènes et de Rome, du Collège de France
et de l'École Normale Supérieure
4, RUE LE GOFF, 4

1904

BIBLIOTHÈQUE DES ÉCOLES FRANÇAISES D'ATHÈNES ET DE ROME

CATALOGUE DES VASES PEINTS

DU

MUSÉE NATIONAL D'ATHÈNES

TABLE DE CONCORDANCE

BIBLIOTHÈQUE

DES

ÉCOLES FRANÇAISES D'ATHÈNES ET DE ROME

FASCICULE QUATRE-VINGT-CINQ *ter*

CATALOGUE DES VASES PEINTS DU MUSÉE NATIONAL D'ATHÈNES

Par Maxime Collignon et Louis Couve

TABLE DE CONCORDANCE

TOURS. — IMPRIMERIE DESLIS FRÈRES, RUE GAMBETTA, 6.

BIBLIOTHÈQUE DES ÉCOLES FRANÇAISES D'ATHÈNES ET DE ROME
PUBLIÉE
SOUS LES AUSPICES DU MINISTÈRE DE L'INSTRUCTION PUBLIQUE

FASCICULE QUATRE-VINGT-CINQ ter

CATALOGUE

DES

VASES PEINTS

DU

MUSÉE NATIONAL D'ATHÈNES

PAR

Maxime COLLIGNON
MEMBRE DE L'INSTITUT
PROFESSEUR A LA FACULTÉ DES LETTRES DE L'UNIVERSITÉ DE PARIS

ET Louis COUVE
ANCIEN MEMBRE DE L'ÉCOLE FRANÇAISE D'ATHÈNES
MAITRE DE CONFÉRENCES A LA FACULTÉ DES LETTRES DE L'UNIVERSITÉ DE NANCY

TABLE DE CONCORDANCE

PARIS
ALBERT FONTEMOING, ÉDITEUR
Libraire des Écoles Françaises d'Athènes et de Rome, du Collège de France
et de l'École Normale Supérieure
4, RUE LE GOFF, 4
1904

TABLE DE CONCORDANCE [1]

DES

NUMÉROS DU CATALOGUE AVEC CEUX DU MUSÉE

Nos de l'inventaire	Nos du catalogue	Nos de l'inventaire	Nos du catalogue	Nos de l'inventaire	Nos du catalogue	Nos de l'inventaire	Nos du catalogue
1	98	18	103	35	15	52	471
2	107	19	102	36	162	53	137
3	110	20	132	37	171	54	136
4	113	21	100	38	170	55	135
5	133	22	108	39	140	56	138
6	126	23	104	40	139	57	155
7	111	24	122	41	142	58	20
8	159	25	124	42	154	59	21
9	105	26	112	43	—	60	22
10	120	27	123	44	165	61	36
11	125	28	106	45	27	62	37
12	117	29	109	46	25	63	45
13	119	30	101	47	28	64	47
14	121	31	114	48	29	65	46
15	118	32	18	49	26	66	34
16	134	33	17	50	23	67	54
17	99	34	16	51	24	68	55

1. Cette table a été dressée, sur les conseils de M. Homolle, par M. Nicole, membre suisse de la section étrangère de l'École française d'Athènes. J'adresse à M. Nicole tous mes remercîments pour sa collaboration.

M. C.

Nos de l'inventaire	Nos du catalogue	Nos de l'inventaire	Nos du catalogue	Nos de l'inventaire	Nos du catalogue	Nos de l'inventaire	Nos du catalogue
69	50	117	201	165	345	213	70
70	41	118	40	166	290	214	127
71	52	119	57	167	289	215	157
72	51	120	—	168	305	216	181
73	56	121	60	169	304	217	182
74	48	122	—	170	301	218	190
75	39	123	42	171	302	219	180
76	58	124	—	172	267	220	462
77	38	125	79	173	403	221	652
78	85	126	78	174	232	222	469
79	86	127	80	175	178	223	197
80	87	128	—	176	175	224	177
81	89	129	172	177	176	225	185
82	—	130	143	178	238	226	233
83	90	131	412	179	275	227	217
84	94	132	414	180	273	228	465
85	88	133	413	181	—	229	147
86	49	134	333	182	—	230	224
87	53	135	223	183	—	231	225
88	93	136	167	184	198	232	379
89	96	137	168	185	—	233	396*ter*
90	92	138	255	186	179	234	396*bis*
91	95	139	161	187	192	235	357
92	75	140	376	188	231	236	236
93	76	141	375	189	234	237	463
94	43	142	439	190	218	238	464
95	84	143	429	191	216	239	268
96	82	144	169	192	253	240	434
97	77	145	378	193	242	241	437
98	81	146	332	194	241	242	438
99	83	147	278	195	128	243	442
100	91	148	279	196	276	244	—
101	62	149	277	197	272	245	431
102	61	150	260	198	274	246	430
103	44	151	251	199	271	247	460
104	64	152	252	200	286	248	440
105	—	153	382	201	285	249	441
106	—	154	288	202	287	250	435
107	97	155	383	203	303	251	436
108	73	156	381	204	283	252	443
109	74	157	157	205	116	253	433
110	63	158	377	206	390	254	432
111	69	159	282	207	115	255	221
112	66	160	281	208	258	256	222
113	65	161	354	209	257	257	380
114	71	162	344	210	259	258	458
115	72	163	343	211	67	259	459
116	35	164	342	212	68	260	609

Nos de l'inventaire	Nos du catalogue	Nos de l'inventaire	Nos du catalogue	Nos de l'inventaire	Nos du catalogue	Nos de l'inventaire	Nos du catalogue
261	551	309	409	357	1108	405	617[8]
262	518	310	416	358	827	406	—
263	519	311	535	359	821	407	840
264	520	312	424	360	798	408	854
265	521	313	468	361	796	409	1119
266	522	314	499	362	795	410	—
267	629	315	406	363	793	411	617[3]
268	558	316	565	364	803	412	1091
269	404	317	557	365	800	413	677
270	574	318	195	366	801	414	694
271	543	319	549	367	802	415	711
272	538	320	550	368	799	416	792
273	818	321	523	369	794	417	831
274	819	322	417	370	797	418	614
275	820	323	506	371	701	419	617
276	233	324	505	372	704	420	1123
277	620	325	534	373	730	421	—
278	356	326	536	374	729	422	1088
279	582	327	544	375	731	423	1089
280	482	328	617[6]	376	700	424	1132
281	483	329	545	377	702	425	1137
282	478	330	622	378	699	426	1138
283	480	331	587	379	705	427	1136
284	495	332	578	380	737	428	678
285	479	333	490	381	922	429	939
286	494	334	489	382	740	430	967
287	493	335	491	383	914	431	938
288	481	336	492	384	920	432	626
289	617[1]	337	497	385	931	433	809
290	510	338	496	386	717	434	1122
291	503	339	498	387	932	435	645
292	507	340	619	388	921	436	615
293	500	341	618	389	930	437	835
294	501	342	358	390	937	438	1140
295	502	343	391	391	933	439	583
296	608	344	687bis	392	913	440	789
297	617[5]	345	591	393	860	441	655
298	537	346	585	394	934	442	1114
299	598	347	586	395	935	443	814
300	539	348	---	396	936	444	833
301	681	349	—	397	895	445	832
302	402	350	613	398	982	446	750
303	556	351	591	399	983	447	756
304	407	352	588	400	861	448	751
305	410	353	651	401	763	449	689
306	408	354	477	402	755	450	688
307	411	355	466	403	746	451	754
308	415	356	1107	404	674	452	757

N°s de l'inventaire	N°s du catalogue	N°s de l'inventaire	N°s du catalogue	N°s de l'inventaire	N°s du catalogue	N°s de l'inventaire	N°s du catalogue
453	749	501	685	549	975	597	893
454	747	502	686	550	966	598	892
455	787	503	564	551	871	599	890
456	732	504	617²	552	1003	600	888
457	733	505	1093	553	902	601	874
458	903	506	830	554	782	602	899
459	734	507	671	555	781	603	891
460	912	508	1112	556	779	604	885
461	707	509	1111	557	780	605	875
462	984	510	1109	558	664	606	993
463	985	511	—	559	653	607	974
464	1001	512	1077	560	743	608	997
465	986	513	900	561	744	609	990
466	1000	514	880	562	752	610	1012
467	870	515	879	563	753	611	1010
468	872	516	970	564	764	612	978
469	1129	517	971	565	769	613	977
470	924	518	812	566	762	614	973
471	887	519	1121	567	675	615	999
472	995	520	788	568	774	616	996
473	786	521	638	569	771	617	992
474	637	522	639	570	776	618	1009
475	837	523	777	571	773	619	972
476	838	524	726	572	775	620	991
477	1079	525	1118	573	778	621	976
478	1080	526	816	574	917	622	1011
479	1086	527	817	575	727	623	630
480	1085	528	634	576	698	624	601
481	1090	529	640	577	929	625	625
482	1078	530	643	578	928	626	554
483	1110	531	641	579	945	627	839
484	—	532	642	580	908	628	856
485	1115	533	648	581	915	629	1127
486	889	534	644	582	736	630	—
487	969	535	649	583	909	631	1113
488	883	536	571	584	927	632	1126
489	882	537	1120	585	712	633	1124
490	905	538	—	586	907	634	1125
491	869	539	742	587	955	635	791
492	987	540	765	588	695	636	813
493	693	541	998	589	728	637	815
494	713	542	1133	590	709	638	811
495	715	543	1134	591	716	639	1128
496	904	544	1135	592	708	640	631
497	676	545	1139	593	710	641	623
498	820bis	546	682	594	722	642	570
499	612	547	—	595	968	643	569
500	670	548	884	596	1004	644	1097

Nos de l'inventaire	Nos du catalogue	Nos de l'inventaire	Nos du catalogue	Nos de l'inventaire	Nos du catalogue	Nos de l'inventaire	Nos du catalogue
645	1098	693	—	741	—	789	312
646	1105	694	372	742	—	790	—
647	1103	695	371	743	—	791	311
648	829	696		744	—	792	315
649	635	697	—	745	—	793	314
650	1102	698	—	746	340	794	317
651	1094	699	—	747	348	795	316
652	1106	700	239	748	349	796	318
653	1096	701	245	749	—	797	321
654	1095	702	247	750	370	798	322
655	1099	703	250	751	346	799	293
656	1101	704	359	752	341	800	323
657	1100	705	—	753	—	801	—
658	1104	706	227	754	—	802	—
659	1117	707	261	755	339	803	199
660	679	708	262	756	337	804	200
661	823	709	367	757	336	805	191
662	1130	710	264	758	338	806	215
663	1131	711	265	759		807	131
664	628	712	360	760		808	130
665	150	713		761		809	—
666	9	714	266	762	369	810	467
667	13	715	263	763		811	237
668	14	716	366	764		812	—
669	8	717	360	765		813	—
670	7	718		766		814	—
671	6	719	368	767		815	188
672	4	720	361	768	365	816	202
673	12	721	784	769	187	817	203
674	11	722	244	770	183	818	193
675	10	723	326	771	228	819	235
676	3	724	324	772	306	820	32
677	5	725	294	773	309	821	164
678	2	726	243	774	308	822	146
679	1	727	362	775	307	823	163
680	—	728	728	776	—	824	204, 5, 6
681	—	729	351	777	—	825	—
682	363	730	—	778	—	826	173
683	186	731	246	779	—	827	149
684	—	732	249	780	—	828	—
685	—	733	248	781	—	829	—
686	374	734	359	782	229	830	158
687	364	735	361	783	313	831	31
688	—	736	—	784	352	832	30
689	—	737	325	785	—	833	144
690	—	738	373	786	320	834	153
691	—	739	—	787	310	835	151
692	365	740	—	788	319	836	174

Nos de l'inventaire	Nos du catalogue	Nos de l'inventaire	Nos du catalogue	Nos de l'inventaire	Nos du catalogue	Nos de l'inventaire	Nos du catalogue
837	152	885	470	933	405	981	533
838	145	886	398	934	589	982	524
839	160	887	401	935	562	983	515
840	156	888	397	936	553	984	516
841	219	889	400	937	561	985	517
842	220	890	399	938	616	986	141
843	240	891	—	939	542	987	331
844	422	892	207	940	633	988	328
845	419	893	208	941	540	989	327
846	420	894	196	942	627	990	214
847	254	895	211	943	428	991	593
848	384	896	212	944	427	992	621
849	269	897	194	945	566	993	594
850	270	898	210	946	567	994	—
851	292	899	209	947	568	995	600
852	388	900	335	948	624	996	595
853	387	901	334	949	617[7]	997	603
854	386	902	659	950	584	998	605
855	355	903	662	951	573	999	602
856		904	663	952	572	1000	604
857	129	905	581	953	455	1001	656
858	230	906	553	954	454	1002	657
859	418	907	597	955	453	1003	661
860	421	908	560	956	445	1004	667
861	—	909	392	957	446	1005	213
862	427	910	423	958	447	1006	666
863	329	911	475	959	448	1007	660
864	330	912	474	960	449	1008	665
865	297	913	473	961	450	1009	606
866	300	914	476	962	451	1010	461
867	299	915	654	963	452	1011	947
868	295	916	668	964	457	1012	
869	296	917	576	965	456	1013	
870	280	918	580	966	552	1014	
871	298	919	504	967	525	1015	
872	284	920	509	968	485	1016	
873	389	921	508	969	488	1017	948
874	350	922	527	970	484	1018	
875	425	923	530	971	487	1019	
876	385	924	529	972	486	1020	
877	226	925	526	973	512	1021	
878	291	926	531	974	511	1022	
879	393	927	532	975	513	1023	
880	395	928	528	976	514	1024	946
881	394	929	546	977	596	1025	
882	396	930	555	978	610	1026	948
883	59	931	548	979	611	1027	
884	—	932	547	980	575	1028	

Nos de l'inventaire	Nos du catalogue	Nos de l'inventaire	Nos du catalogue	Nos de l'inventaire	Nos du catalogue	Nos de l'inventaire	Nos du catalogue
1029		1077	981	1125	960	1173	1236
1030		1078	864	1126	723	1174[a]	1171
1031		1079	680	1127	724	1174	1224
1032	948	1080	658	1128	867	1175	1252
1033		1081	790	1129	961	1176	1172
1034		1082	745	1130	958	1177	1254
1035		1083	783	1131	1007	1178	1247
1036	592	1084	353	1132	957	1179	1248
1037	767	1085	772	1133	956	1180	1853
1038	—	1086	944	1134	1005	1181	1855
1039	—	1087	979	1135	942	1182	1262
1040	836	1088	926	1136	1006	1183	1263
1041	—	1089	980	1137	1008	1184	1272
1042	—	1090	873	1138	959	1185	1265
1043	607	1091	906	1139	858	1186	1268
1044	—	1092	943	1140	868	1187	1271
1045	691	1093	721	1141	857	1188	1868
1046	901	1094	703	1142	866	1189	1255
1047	696	1095	1013	1143	940	1190	1970
1048	735	1096	953	1144	941	1191	1190
1049	877	1097	954	1145	714	1192	1376
1050	911	1098	925	1146	683	1193	1476
1051	910	1099	952	1147	1084	1194	1375
1052	951	1100	758	1148	784	1195	1450
1053	834	1101	760	1149	684	1196	1451
1054	687	1102	759	1150	810	1197	1413
1055	669	1103	646	1151	599	1198	1378
1056	697	1104	692	1152	826	1199	1433
1057	719	1105	647	1153	690	1200	1452
1058	720	1106	636	1154	748	1201	1432
1059	718	1107	822	1155	768	1202	1457
1060	923	1108	828	1156	863	1203	1453
1061	878	1109	632	1157	916	1204	1943
1062	988	1110	804	1158	1002	1205	1482
1063	896	1111	806	1159	766	1206	1498
1064	897	1112	807	1160	19	1207	1503
1065	862	1113	805	1161	577	1208	1945
1066	898	1114	—	1162	1483	1209	1506
1067	989	1115	808	1163	1518	1210	1534
1068	950	1116	824	1164	1876	1211	1535
1069	—	1117	825	1165	1874	1212	1505
1070	—	1118	—	1166	1220	1213	1510
1071	672	1119	617[9]	1167	1339	1214	1507
1072	673	1120	843	1168	1340	1215	1508
1073	785	1121	739	1169	1255	1216	1509
1074	741	1122	738	1170	1167	1217	1543
1075	865	1123	919	1171	1230	1218	1283
1076	918	1124	965	1172	1229	1219	1282

Nos de l'inventaire	Nos du catalogue	Nos de l'inventaire	Nos du catalogue	Nos de l'inventaire	Nos du catalogue	Nos de l'inventaire	Nos du catalogue
1220	1296	1267	1312	1315	1541	1363	1888
1221	1295	1268	1878	1316	1532	1364	1908
1222	1313	1269	1286	1317	1948	1365	1919
1223	1337	1270	1612	1318	1538	1366	1920
1224	1883	1271	1377	1319	1539	1367	1347
1225	1317	1272	1394	1320	1880	1368	1871
1226	1338	1273	1395	1321	1334	1369	1957
1227	1879	1274	1363	1322	1333	1370	1849
1228	1884	1275	1431	1323	1245	1371	1848
1229	1305	1276	1380	1324	1966	1372	1583
1230	1306	1277	1379	1325	1963	1373	1587
1231	1314	1278	1381	1326	1964	1374	1584
1232	1881	1279	1454	1327	1574	1375	1891
1233	1882	1280	1504	1328	1898	1376	1895
1234	1315	1281	1499	1329	1897	1377	1890
1235	1308	1282	1942	1330	1900	1378	1922
1236	1596	1283	1946	1331	1938	1379	1892
1237	1216	1284	1941	1332	1937	1380	1925
1238	1218	1285	1500	1333	1289	1381	1344
1239	1204	1286	1203	1334	1854	1382	1924
1240	1542	1287	1560	1335	1222	1383	1345
1241	1553	1288	1558	1336	1186	1384	1346
1242	1958	1289	1569	1337	1269	1385	1342
1243	1960	1290	1547	1338	1967	1386	1906
1244	1974	1291	1956	1339	1578	1387	1923
1245	1576	1292	1573	1340	1579	1388	1341
1246	1353	1293	1408	1341	1355	1389	1893
1247	1211	1294	1421	1342	1407	1390	1894
1248	1210	1295	1197	1343	1417	1391	1927
1249	1226	1296	1424	1344	1416	1392	1918
1250	1231	1297	1422	1345	1415	1393	1926
1251	1234	1298	1405	1346	1472	1394	1911
1252	—	1299	1426	1347	1471	1395	1896
1253	1238	1300	1369	1348	1406	1396	1902
1254	1235	1301	1372	1349	1470	1397	1936
1255	1232	1302	1426	1350	1469	1398	1352
1256	1237	1303	1191	1351	1947	1399	1276
1257	1850	1304	1366	1352	1536	1400	1184
1258	1261	1305	1188	1353	1318	1401	1865
1259	1273	1306	1367	1354	1414	1402	1258
1260	1241	1307	1370	1355	1610	1403	1373
1261	1244	1308	1384	1356	1623	1404	1200
1262	1174	1309	1368	1357	1158	1405	1360
1263	1287	1310	1195	1358	1543	1406	1940
1264	1309	1311	1387	1359	1624	1407	1361
1265	1310	1312	1419	1360	1975	1408	1219
1266	1311	1313	1425	1361	1201	1409	1156
		1314	1461	1362	1889	1410	1618

Nᵒˢ de l'inventaire	Nᵒˢ du catalogue	Nᵒˢ de l'inventaire	Nᵒˢ du catalogue	Nᵒˢ de l'inventaire	Nᵒˢ du catalogue	Nᵒˢ de l'inventaire	Nᵒˢ du catalogue
1411	1619	1459	1903	1507	1439	1554	1297
1412	1354	1460	1917	1508	1383	1555	1300
1413	1176	1461	1899	1509	1460	1556	1301
1414	1434	1462	1986	1510	1437	1557	1320
1415	1291	1463	1928	1511	1461	1558	1319
1416	1178	1464	1930	1512	1468	1559	1303
1417	1177	1465	1929	1513	1435	1560	1875
1418	1505	1466	1348	1514	1474	1561	1877
1419	1586	1467	1266	1515	1365	1562	1325
1420	1585	1468	1275	1516	1473	1563	1323
1421	1356	1469	1260	1517	1388	1564	1326
1422	1349	1470	1278	1518	1467	1565	1321
1423	1984	1471	1183	1519	1459	1566	1322
1424	1852	1472	1856	1520	1463	1567	1304
1425	1180	1473	1872	1521	1464	1568	1165
1426	1274	1474	1869	1522	1438	1569	1206
1427	1182	1475	1866	1523	1531	1570	1207
1428	1485	1476	1867	1524	1529	1571	1209
1429	1357	1477	1281	1525	1514	1572	1208
1430	1160	1478	1280	1526	1519	1573	1217
1431	1159	1479	1221	1527	1487	1574	1212
1432	1965	1480	1251	1528	1516	1575	1213
1433	1901	1481	1243	1529	1530	1576	1214
1434	1931	1482	1246	1530	1521	1577	1163
1435	1932	1483	1249	1531	1515	1578	1215
1436	1615	1484	1242	1532	1520	1579	1988
1437	1161	1485	1250	1533	—	1580	1605
1438	1168	1486	1253	1534	1524	1581	1606
1439	1249	1487	1257	1535	1523	1582	1607
1440	1571	1488	1598	1536	1522	1583	1608
1441	1277	1489	1597	1537	1951	1584	1550
1442	1921	1490	1577	1538	1950	1585	1561
1443	1851	1491	1982	1539	1952	1586	1555
1444	1985	1492	1358	1540	1953	1587	1556
1445	1860	1493	1359	1541	1955	1588	1552
1446	1861	1494	1611	1542	1954	1589	1567
1447	1864	1495	1613	1543	1294	1590	1565
1448	1862	1496	1192	1544	1293	1591	1557
1449	1863	1497	1386	1545	1285	1592	1554
1450	1981	1498	1390	1546	1284	1593	1548
1451	1980	1499	1436	1547	1289	1594	1546
1452	1168	1500	1389	1548	1873	1594ª	1602
1453	1225	1501	1420	1549	1290	1595	1279
1454	1228	1502	1466	1550	1288	1596	1593
1455	1227	1503	1465	1551	1877	1597	1549
1456	1604	1504	1475	1551ª	1299	1598	1399
1457	1905	1505	—	1552	1298	1599	1410
1458	1904	1506	1382	1553	1302	1600	1409

Nos de l'inventaire	Nos du catalogue	Nos de l'inventaire	Nos du catalogue	Nos de l'inventaire	Nos du catalogue	Nos de l'inventaire	Nos du catalogue
1601	1412	1649	1199	1697	1430	1745	1488
1602	1364	1650	1484	1698	1429	1746	1502
1603	1448	1651	1517	1699	725	1747	1400
1604	1411	1652	1533	1700	1477	1748	1401
1605	1449	1653	1540	1701	1944	1749	1441
1606	1622	1654	1327	1702	1479	1750	1443
1607	1480	1655	1614	1703	1949	1751	1442
1608	1494	1656	1164	1704	1525	1752	1444
1609	1492	1657	1256	1705	1526	1753	1449
1610	1493	1658	1582	1706	1544	1754	1626
1611	1316	1659	1575	1707	1559	1755	1696
1612	1328	1660	1566	1708	1551	1756	1651
1613	1330	1661	1563	1709	—	1757	1661
1614	1240	1662	1934	1710	1600	1758	1660
1615	1594	1663	1527	1711	1616	1759	1657
1616	1599	1664	1526	1712	1617	1760	1683
1617	1580	1665	1545	1713	1489	1761	1678
1618	1581	1666	1166	1714	1933	1762	1680
1619	1239	1667	1969	1715	1621	1763	1643
1620	1568	1668	1351	1716	1887	1764	1778
1621	1402	1669	1914	1717	1343	1765	1779
1622	1445	1670	1915	1718	1857	1766	1713
1623	1446	1671	1609	1719	1264	1767	1735
1624	1198	1672	1324	1720	770bis	1768	1722
1625	1447	1673	1916	1721	1141	1769	1795
1626	1362	1674	1907	1722	949	1770	1734
1627	1458	1675	1912	1723	876	1771	1780
1628	1157	1676	1913	1724	994	1772	1817
1629	1588	1677	1935	1725	1081	1773	1733
1630	1959	1678	1976	1726	855	1774	1821
1631	1478	1679	1977	1727	1267	1775	1807
1632	1194	1680	1978	1728	1620	1776	1794
1633	1189	1681	1233	1729	1481	1777	1815
1634	1455	1682	1979	1730	1495	1778	1732
1635	1962	1683	1858	1731	1486	1779	1781
1636	1398	1684	1859	1732	1490	1780	1045
1637	1397	1685	1187	1733	—	1781	1046
1638	1371	1686	1185	1734	—	1782	1808
1639	1392	1687	1179	1735	1501	1783	1047
1640	1396	1688	1170	1736	1307	1784	1027
1641	1404	1689	1169	1737	1331	1785	1028
1642	1385	1690	1223	1738	1329	1786	1029
1643	1196	1691	1173	1739		1787	1030
1644	1393	1692	1909	1740	1205	1788	1031
1645	1193	1693	1350	1741	1564	1789	1681
1646	1403	1694	1910	1742	1332	1790	1775
1647	1456	1695	1428	1743	1498	1791	1026
1648	1391	1696	1423	1744	1497	1792	1019

Nos de l'inventaire	Nos du catalogue	Nos de l'inventaire	Nos du catalogue	Nos de l'inventaire	Nos du catalogue	Nos de l'inventaire	Nos du catalogue
1793	1032	1841	1836	1889	1054	1937	1675
1794	1033	1842	1816	1890	1799	1938	1707
1795	1802	1843	1701	1891	1658	1939	1656
1796	1653	1844	1638	1892	1765	1940	1754
1797	1684	1845	1635	1893	1767	1941	1638
1798	1806	1846	1639	1894	1766	1942	1705
1799	1682	1847	1634	1895	1825	1943	1839
1800	1776	1848	1818	1896	1761	1944	1736
1801	1819	1849	1783	1897	1764	1945	1840
1802	1782	1850	1810	1898	1759	1946	1666
1803	1051	1851	1723	1899	1763	1947	1841
1804	1627	1852	1813	1900	1760	1948	963
1805	1035	1853	1793	1901	1762	1949	1751
1806	1021	1854	—	1902	1823	1950	1676
1807	1038	1855	1834	1903	1824	1951	1755
1808	1042	1856	1843	1904	1073	1952	1756
1809	1025	1857	1022	1905	1074	1953	1631
1810	1803	1858	1014	1906	1076	1954	1673
1811	1814	1859	1048	1907	1771	1955	1671
1812	1812	1860	1017	1908	1770	1956	1672
1813	1809	1861	1043	1909	1772	1957	1679
1814	1662	1862	1800	1910	1768	1958	1690
1815	1689	1863	1774	1911	1769	1959	1691
1816	1670	1864	1832	1912	1648	1960	1699
1817	1669	1865	1636	1913	1647	1961	1737
1818	1837	1866	1804	1914	1773	1962	1738
1819	1805	1867	1041	1915	1072	1963	1628
1820	1728	1868	1725	1916	1659	1964	1066
1821	1698	1869	1044	1917	1928	1965	1686
1822	1700	1870	1801	1918	1075	1966	1739
1823	1838	1871	1050	1919	1826	1967	1706
1824	1797	1872	1049	1920	1827	1968	1625
1825	1632	1873	1052	1921	1649	1969	1757
1826	1641	1874	1037	1922	1630	1970	1702
1827	1023	1875	1040	1923	1629	1971	1758
1828	1020	1876	1053	1924	1708	1972	1068
1829	1637	1877	1777	1925	1652	1973	964
1830	1654	1878	1721	1926	1668	1974	1753
1831	1796	1879	1036	1927	1667	1975	1061
1832	1697	1880	1724	1928	1655	1976	1746
1833	1822	1881	1833	1929	1642	1977	1687
1834	1842	1882	1034	1930	1709	1978	1062
1835	1835	1883	1024	1931	1710	1979	1703
1836	1727	1884	1056	1932	1711	1980	1748
1837	1726	1885	1039	1933	1749	1981	1704
1838	1714	1886	1055	1934	1750	1982	1067
1839	1811	1887	1640	1935	1692	1983	1065
1840	1712	1888	1685	1936	1674	1984	1064

Nos de l'inventaire	Nos du catalogue	Nos de l'inventaire	Nos du catalogue	Nos de l'inventaire	Nos du catalogue	Nos de l'inventaire	Nos du catalogue
1985	1747	2018	1693	2190	1083	2468	761
1986	1071	2019	1694	2191	1603	2487	579
1987	1645	2020	1695	2192	1202	2510	1600*bis*
1988	1063	2021	1677	2203	1973	2539	1082
1989	962	2022	1016	2204	1575	2543	1336
1990	1744	2023	1018	2206	1601	2544	1335
1991	1745	2024	1785	2207	1092	2545	770
1992	1740	2025	1060	2209	1885	2578	1847
1993	1741	2026	1015	2210	1511	2579	1988
1994	1742	2027	1784	2211	886	2580	1987
1995	1743	2028	1663	2214	1870	2633	148
1996	1746	2029	1058	2215	1971	2634	33
1996	1650	2030	1059	2219	1512	2638	166
1997	1644	2031	1057	2220	1866	2802	1131*bis*
1998	1752	2032	1633	2226	650	3832	1961
1999	1665	2033	1069	2248	1537	9683	1175
2000	1664	2034	1788	2263	541	9684	881
2001	1731	2035	—	2303	1161*bis*	9686	894
2002	1720	2036	1070	2350	853	9695	706
2003	1715	2037	1829	2383	1590	9716	1116
2004	1789	2038	1830	2384	1562	9863	1175
2005	1716	2039	1831	2386	859	9865	1374
2006	1786	2179	1589	2387	1570	10426	
2007	1717	2180	1592	2410	845	à	
2008	1729	2181	1591	2411	852	10450	
2009	1820	2182	1595	2412	847	10463	1142
2010	1791	2183	842	2413	846	à	à
2011	1798	2184	841	2414	848	10473	1155
2012	1787	2185	844	2415	849	10508	
2013	1718	2186	1846	2416	850	10530	
2014	1719	2187	1844	2417	851	10816	472
2015	1730	2188	1845	2454	175	11036	1968
2016	1792	2189	1087	2456	176	11037	1939
2017	1790						

FIN

ERRATA

N^{os} *du catalogue*	25	N^{os} *de l'inventaire*	(46) *et non* (146).
»	185	»	(225) — (255).
»	233	»	(226) — (276).
»	379	»	(232) — (132).
»	492	»	(336) — (339).
»	575	»	*ajouter* (980).
»	654	»	*ajouter* (915).
»	765	»	(540) *et non* (560).
»	901	»	*ajouter* (1046).
»	990	»	(609) *et non* (608).
»	1232	»	*après* 2054 *ajouter* (1352).
	1255	»	(1169) *et non* (1189).
»	1360	»	(1405) *et non* (1505).
»	1439	»	*ajouter* (1507).
»	1482	»	(1205) *et non* (1505).
»	1487	»	*ajouter* (1527).
»	1522	»	*ajouter* (1536).
»	1524	»	(1534) *et non* (1536).
»	1552	»	(1588) *et non* (1558).
»	1590	»	(2383) *et non* (3383).
»	1874	»	(1165) *et non* (1465).
»	1877	»	*ajouter* (1561).
»	1975	»	(1360) *et non* (360).

Tours. — Imprimerie Deslis Frères.

A suivre.

APPENDICE I. Carte archéologique de l'ile de Délos (1893-1894), par MM. E. Ar-
daillon, ancien membre de l'Ecole française d'Athènes, professeur de géo-
graphie à l'Université de Lille; H. Convert, conducteur des Ponts et Chaussées,
ancien chef des travaux techniques aux fouilles de Delphes. Notice et trois
feuilles grand aigle (0,80 × 0,95) à l'échelle de 1/2 000° en quatre couleurs.
Prix : 25 fr. — Collée sur toile et pliée au format de la notice in-4° raisin : 38 fr.
— Prix de la carte collée sur toile et montée sur gorges et rouleaux : 40 fr.

BIBLIOTHÈQUE DES ÉCOLES FRANÇAISES D'ATHÈNES ET DE ROME

DEUXIÈME SÉRIE (format grand in-4° raisin, sur deux colonnes), publiée ou
analysée d'après les manuscrits originaux du Vatican et de la Bibliothèque
nationale. — Le prix de souscription est établi à raison de 60 centimes par
chaque feuille de texte et 1 fr. par planche de fac-similé. — Aucun fascicule
n'est vendu séparément.

ÉTAT DE LA PUBLICATION AU 1ᵉʳ MARS 1903

OUVRAGES EN COURS DE PUBLICATION

1° LES REGISTRES D'INNOCENT IV (1243-1254), par M. Elie Berger, an-
cien membre de l'Ecole
française de Rome. — L'Académie des Inscriptions et Belles-Lettres a décerné à l'auteur,
pour cet ouvrage, le *Premier Prix Gobert* (séance du 1ᵉʳ juin 1888). — *N. B.* Ce grand
ouvrage paraît par fascicules de 20 à 25 feuilles. Il se composera de 270 à 300 feuilles
environ, formant 4 beaux volumes. — Les tables, formant un volume à part, sont en
cours de publication. Prix des trois premiers volumes : 115 fr. 50.

2° LES REGISTRES DE BENOIT XI (1303-1304), par M. Ch. Grandjean,
ancien membre de l'Ecole
française de Rome. — Cet ouvrage formera un beau volume. Il est publié par fascicules
de 15 à 20 feuilles environ. — L'ouvrage complet se composera de 80 à 100 feuilles. —
Les quatres premiers fascicules sont en vente. Prix : 43 fr. 80. Le cinquième et dernier
fascicule est sous presse.

4° LES REGISTRES DE BONIFACE VIII (1224-1303), par MM. Georges
Digard, Maurice
Faucon et Antoine Thomas, anciens élèves de l'Ecole des Chartes, membres de l'Ecole
française de Rome. — Cet ouvrage formera trois volumes, et sera publié en 260 feuilles de
texte environ. — Les trois premiers fasc., le cinquième, le sixième et le septième sont
en vente. Le quatrième est sous presse. Prix des six fascicules : 63 fr.

5° LES REGISTRES DE NICOLAS IV (1288-1292), par M. Ernest Lan-
glois, ancien membre
de l'Ecole française de Rome. — *N. B.* Cet ouvrage formera environ 120 feuilles, divi-
sées en deux volumes. — Les neuf premiers fascicules sont en vente. Prix : 97 fr. 80. —
Le dixième et dernier fascicule, devant contenir l'introduction, l'errata et le titre, est
sous presse.

6° LE LIBER CENSUUM DE L'EGLISE ROMAINE, texte, introduction et notes,
par M. Paul Fabre, ancien
membre de l'Ecole française de Rome. — *N. B.* Cet ouvrage formera environ 130 à
150 feuilles, divisées en deux volumes. — Les quatre premiers fascicules ont paru. Prix :
46 fr. - Le cinquième fascicule est en préparation.

9° LES REGISTRES DE GRÉGOIRE IX (1227-1241), par M. L. Auvray, ar-
chiviste-paléographe,
ancien membre de l'Ecole française de Rome. — Cet ouvrage formera trois volumes
et sera publié par livraisons de 15 à 20 feuilles environ. — L'ouvrage complet, formera
environ 150 à 160 feuilles. — Les sept premiers fascicules, dont cinq forment le tome I
complet (48 fr. 60), sont en vente. Prix : 70 fr. 50. — Le huitième fascicule est sous
presse.

11° LES REGISTRES DE CLÉMENT IV (1265-1268), par M. Edouard
Jordan, ancien
membre de l'Ecole française de Rome. — Cet ouvrage formera un volume, et sera pu-
blié par fascicules de 15 à 20 feuilles environ. — L'ouvrage complet formera 70 feuilles
environ. — Les trois premiers fascicules ont paru. Prix : 25 fr. 80. — Le quatrième fas-
cicule est sous presse.

12° LES REGISTRES DE GRÉGOIRE X ET DE JEAN XXI (1272-1277),
par MM. J. Guiraud et L. Cadier, anciens membres de l'Ecole française de Rome. —
Les *Registres de Grégoire X et de Jean XXI* (réunis en une seule publication) formeront
un beau volume. — Ils seront publiés par fascicules de 15 à 20 feuilles environ. —
L'ouvrage entier se composera de 60 feuilles environ. — Les trois premiers fascicules
ont paru. Prix : 26 fr. 10. — Le quatrième fascicule est sous presse.

13° LES REGISTRES D'URBAIN IV (1261-1264), par M. J. Guiraud, an-
cien membre de l'Ecole
française de Rome. — Cet ouvrage formera trois volumes dont un est occupé par le
Registre dit Caméral. — L'ouvrage complet formera 160 à 180 feuilles environ. — Le
Registre dit Caméral (tome I complet) a paru. Prix : 15 fr — Les quatre premiers fas-
cicules du *Registre ordinaire* (tome II complet) et le cinquième fascicule commençant le
tome III ont paru. Prix : 46 fr. 80. Prix total : 61 fr. 80. — Sous presse le sixième fasci-
cule du Registre ordinaire. Tome III.

14° LES REGISTRES DE NICOLAS III (1277-1280), par M. Jules Gay,
ancien membre de
l'Ecole française de Rome. — Cet ouvrage formera un volume et paraîtra en quatre fasci-
cules. — Il formera environ 60 feuilles comprenant, avec les bulles, une introduction,
un appendice et les tables. — Le premier fascicule a paru. Prix : 8 fr. 40. — Le deuxième
fascicule est sous presse.

15° LES REGISTRES D'ALEXANDRE IV, par MM. Bourel de la Roncière, de
Loye et Coulon, anciens membres de
l'Ecole française de Rome. — Les Registres d'*Alexandre IV* formeront deux volumes. —
Ils seront publiés par fascicules de 15 à 20 feuilles environ. — L'ouvrage entier se com-
posera de 200 feuilles environ. — Les quatres premiers fascicules ont paru. Prix : 36 fr. 75.
— Le cinquième fascicule est sous presse.

16° LES REGISTRES DE MARTIN IV (1281-1285), par les Membres de
l'Ecole française de
Rome. — Les Registres de *Martin IV* formeront un volume et paraîtront en quatre fas-
cicules. — L'ouvrage formera environ 80 feuilles. — Le premier fascicule a paru. Prix :
48 fr. 50. — Le deuxième fascicule est sous presse.

OUVRAGES TERMINÉS

3° LE LIBER PONTIFICALIS, texte, introduction et commentaires, par Monsei-
gneur L. Duchesne, membre de l'Institut, directeur
de l'Ecole française de Rome. 2 beaux vol. in-4° raisin, *avec un plan de l'ancienne
Basilique de Saint-Pierre et sept planches en héliogravure (Épuisé)*... 200 fr.

7° LES REGISTRES D'HONORIUS IV (1285-1287), Recueil des bulles
de ce pape, publiées
ou analysées d'après les manuscrits originaux des archives du Vatican, par
M. Maurice Prou. Un beau volume grand in-4° raisin................. 50 fr.

8° LA NÉCROPOLE DE MYRINA, Fouilles exécutées au nom de l'Ecole
française d'Athènes, de 1880 à 1882, par
MM. E. Pottier, Salomon Reinach et A. Veyries. Texte et notices par
Edm. Pottier et S. Reinach. — Ce magnifique ouvrage forme deux beaux
volumes grand in-4°, dont un de texte, et un de 52 planches en héliogravure,
tirées sur papier de Chine................. 120 fr.
Ouvrage couronné par l'Institut **(Prix Delalande-Guérineau).**

10° FOUILLES DANS LA NÉCROPOLE DE VULCI, par M. Stéphane Gsell,
ancien membre de l'Ecole
française de Rome. Un beau volume grand in-4° de 568 pages, avec 101 vi-
gnettes dans le texte, une carte et 23 planches.................... 40 fr.

N. B. — *Les numéros placés en tête des ouvrages ci-dessus énoncés indiquent
l'ordre dans lequel ces ouvrages sont publiés dans la collection.*

3° SÉRIE — Format grand in-4° raisin — XIV° SIÈCLE

LETTRES
DES PAPES D'AVIGNON SE RAPPORTANT A LA FRANCE
*Publiées ou analysées d'après les registres du Vatican par les anciens membres
de l'Ecole française de Rome.*

TABLEAU DE LA PUBLICATION

1° JEAN XXII (1316-1334), M. Coulon, ancien membre de l'Ecole française de Rome, archi-
viste aux Archives nationales (*Trois fascicules parus*).................... **38 fr. 50**
—
M. Mollat, ancien chapelain de Saint-Louis des Français, à Rome,
(*Un fascicule paru*)................. **20 fr. 40**

2° BENOIT XII (1334-1342), M. Daumet, ancien membre de l'Ecole française de Rome, archi-
viste aux Archives nationales (*Trois fascicules parus.*)................... **40 fr. 50**
—
M. Vidal, ancien chapelain de Saint-Louis des Français, à Rome,
(*Deux fascicules parus*)................. **38 fr. 10**

3° CLÉMENT VI (1342-1352), M. Deprez, membre de l'Ecole française de Rome
(*Le premier fascicule est paru*)................... **16 fr. 80**

4° INNOCENT VI (1352-1362), M. Deprez, membre de l'Ecole française de Rome. (*En prép.*)

5° URBAIN V (1362-1370), M. Lecacheux, anc. membre de l'Ecole française de Rome. —
(*Le premier fascicule est paru*).................... **12 fr.**

6° GRÉGOIRE XI (1370-1378), M. Mirot, anc. membre de l'Ecole française de Rome. (*S. presse.*)

Vient de paraître :

ÉCOLE FRANÇAISE D'ATHÈNES

CATALOGUE DES VASES PEINTS
DU
MUSÉE NATIONAL D'ATHÈNES
PAR MM.

MAXIME COLLIGNON	**LOUIS COUVE**
Membre de l'Institut,	Ancien membre de l'Ecole française d'Athènes
Professeur à la Faculté des lettres	Maître de conférences
de l'Université de Paris.	à la Faculté des lettres de l'Université de Nancy.

Un fort volume grand in-4° raisin contenant un texte explicatif accompagné de
figures et 52 planches hors texte.
Prix................... 25 fr.

Sous presse : Le deuxième Fascicule
DES

FOUILLES DE DELPHES
Par Th. HOMOLLE
Membre de l'Institut, directeur de l'Ecole française d'Athènes.

Tours, imprimerie Deslis Frères, rue Gambetta, 6.